SUGURU OSAKO
RUNNING NOTE

31

DAYS

年　月　日　星期	天氣	氣溫 ＿＿ ℃　風勢

早上的練習菜單：

地點	練習夥伴	跑鞋

早上 　　　　點	距離 　　　公里	完跑時間	速度

下午的練習菜單：

地點	練習夥伴	跑鞋

下午 　　　　點	距離 　　　公里	完跑時間	速度

肌力訓練菜單：

早餐	午餐	晚餐

小小的成長：

小小的發現：

今天在練習上的反省 · 明天的課題：

不必侷限於練習，自由寫下今天的發現和想法：

年　月　日　星期	天氣　　　氣溫 ＿＿ ℃　風勢

早上的練習菜單：

地點	練習夥伴	跑鞋

早上　　　　點	距離　　　　公里	完跑時間	速度

下午的練習菜單：

地點	練習夥伴	跑鞋

下午　　　　點	距離　　　　公里	完跑時間	速度

肌力訓練菜單：

早餐	午餐	晚餐

小小的成長：

小小的發現：

今天在練習上的反省 · 明天的課題：

不必侷限於練習，自由寫下今天的發現和想法：

年　月　日　星期	天氣　　　氣溫 ＿＿＿ ℃　　風勢		
早上的練習菜單：			
地點	練習夥伴		跑鞋
早上 　　　　　點	距離 　　　公里	完跑時間	速度
下午的練習菜單：			
地點	練習夥伴		跑鞋
下午 　　　　　點	距離 　　　公里	完跑時間	速度
肌力訓練菜單：			
早餐	午餐		晚餐

小小的成長：

小小的發現：

今天在練習上的反省 · 明天的課題：

不必侷限於練習，自由寫下今天的發現和想法：

年　月　日　星期	天氣　　氣溫 ＿＿ ℃　風勢

早上的練習菜單：

地點	練習夥伴	跑鞋

早上　　　點	距離　　　公里	完跑時間	速度

下午的練習菜單：

地點	練習夥伴	跑鞋

下午　　　點	距離　　　公里	完跑時間	速度

肌力訓練菜單：

早餐	午餐	晚餐

小小的成長：

小小的發現：

今天在練習上的反省 ‧ 明天的課題：

不必侷限於練習，自由寫下今天的發現和想法：

年　月　日　星期	天氣　　　氣溫 ____ ℃　風勢

早上的練習菜單：

地點	練習夥伴	跑鞋

早上　　　　　點	距離　　　　　公里	完跑時間	速度

下午的練習菜單：

地點	練習夥伴	跑鞋

下午　　　　　點	距離　　　　　公里	完跑時間	速度

肌力訓練菜單：

早餐	午餐	晚餐

小小的成長：

小小的發現：

今天在練習上的反省 · 明天的課題：

不必侷限於練習，自由寫下今天的發現和想法：

年　月　日　星期	天氣　　　氣溫 ＿＿ ℃　　風勢

早上的練習菜單：

地點	練習夥伴	跑鞋

早上　　　　點	距離　　　　公里	完跑時間	速度

下午的練習菜單：

地點	練習夥伴	跑鞋

下午　　　　點	距離　　　　公里	完跑時間	速度

肌力訓練菜單：

早餐	午餐	晚餐

小小的成長：

小小的發現：

今天在練習上的反省 · 明天的課題：

不必侷限於練習，自由寫下今天的發現和想法：

年　月　日　星期	天氣	氣溫 ＿＿ ℃　　風勢

早上的練習菜單：

地點	練習夥伴	跑鞋

早上	距離	完跑時間	速度
點	公里		

下午的練習菜單：

地點	練習夥伴	跑鞋

下午	距離	完跑時間	速度
點	公里		

肌力訓練菜單：

早餐	午餐	晚餐

小小的成長：

小小的發現：

今天在練習上的反省・明天的課題：

不必侷限於練習，自由寫下今天的發現和想法：

年　月　日　星期	天氣	氣溫 ＿＿ ℃ 風勢

早上的練習菜單：

地點		練習夥伴	跑鞋

早上　　　　　　點	距離　　　　　　公里	完跑時間	速度

下午的練習菜單：

地點		練習夥伴	跑鞋

下午　　　　　　點	距離　　　　　　公里	完跑時間	速度

肌力訓練菜單：

早餐	午餐	晚餐

小小的成長：

小小的發現：

今天在練習上的反省 · 明天的課題：

不必侷限於練習，自由寫下今天的發現和想法：

年 月 日 星期	天氣	氣溫 ＿＿＿ ℃ 風勢

早上的練習菜單：

地點	練習夥伴	跑鞋

早上 點	距離 公里	完跑時間	速度

下午的練習菜單：

地點	練習夥伴	跑鞋

下午 點	距離 公里	完跑時間	速度

肌力訓練菜單：

早餐	午餐	晚餐

小小的成長：

小小的發現：

今天在練習上的反省 ‧ 明天的課題：

不必侷限於練習，自由寫下今天的發現和想法：

年　月　日　星期	天氣　　氣溫 ＿＿ ℃　　風勢	
早上的練習菜單：		
地點	練習夥伴	跑鞋
早上 　　　　點	距離 　　　公里	完跑時間	速度

下午的練習菜單：		
地點	練習夥伴	跑鞋
下午 　　　　點	距離 　　　公里	完跑時間	速度

肌力訓練菜單：		
早餐	午餐	晚餐

小小的成長：

小小的發現：

今天在練習上的反省 · 明天的課題：

不必侷限於練習，自由寫下今天的發現和想法：

年　月　日　星期	天氣　　　氣溫 ＿＿＿ ℃　　風勢	
早上的練習菜單：		
地點	練習夥伴	跑鞋
早上 　　　　點	距離 　　　公里	完跑時間	速度

下午的練習菜單：		
地點	練習夥伴	跑鞋
下午 　　　　點	距離 　　　公里	完跑時間	速度

肌力訓練菜單：		
早餐	午餐	晚餐

小小的成長：

小小的發現：

今天在練習上的反省・明天的課題：

不必侷限於練習，自由寫下今天的發現和想法：

年　月　　日　星期	天氣　　　氣溫 ＿＿ ℃　風勢

早上的練習菜單：

地點	練習夥伴	跑鞋

早上 　　　　點	距離 　　　　公里	完跑時間	速度

下午的練習菜單：

地點	練習夥伴	跑鞋

下午 　　　　點	距離 　　　　公里	完跑時間	速度

肌力訓練菜單：

早餐	午餐	晚餐

小小的成長：

小小的發現：

今天在練習上的反省　‧　明天的課題：

不必侷限於練習，自由寫下今天的發現和想法：

年　月　日　星期	天氣　　　　氣溫 ＿＿＿ ℃　　風勢

早上的練習菜單：

地點	練習夥伴	跑鞋

早上		距離		完跑時間	速度
	點		公里		

下午的練習菜單：

地點	練習夥伴	跑鞋

下午		距離		完跑時間	速度
	點		公里		

肌力訓練菜單：

早餐	午餐	晚餐

小小的成長：

小小的發現：

今天在練習上的反省 · 明天的課題：

不必侷限於練習，自由寫下今天的發現和想法：

年　月　日　星期	天氣　　　氣溫 ＿＿ ℃　風勢

早上的練習菜單：

地點	練習夥伴	跑鞋

早上　　　點	距離　　　公里	完跑時間	速度

下午的練習菜單：

地點	練習夥伴	跑鞋

下午　　　點	距離　　　公里	完跑時間	速度

肌力訓練菜單：

早餐	午餐	晚餐

小小的成長：

小小的發現：

今天在練習上的反省 · 明天的課題：

不必侷限於練習，自由寫下今天的發現和想法：

年　月　日　星期	天氣	氣溫 ＿＿ ℃　風勢

早上的練習菜單：

地點	練習夥伴	跑鞋

早上　　　　點	距離　　　　公里	完跑時間	速度

下午的練習菜單：

地點	練習夥伴	跑鞋

下午　　　　點	距離　　　　公里	完跑時間	速度

肌力訓練菜單：

早餐	午餐	晚餐

小小的成長：

小小的發現：

今天在練習上的反省‧明天的課題：

不必侷限於練習，自由寫下今天的發現和想法：

年　月　日　星期	天氣　　　氣溫 ＿＿ ℃　風勢

早上的練習菜單：

地點	練習夥伴	跑鞋

早上　　　　　點	距離　　　　　公里	完跑時間	速度

下午的練習菜單：

地點	練習夥伴	跑鞋

下午　　　　　點	距離　　　　　公里	完跑時間	速度

肌力訓練菜單：

早餐	午餐	晚餐

小小的成長：

小小的發現：

今天在練習上的反省 · 明天的課題：

不必侷限於練習，自由寫下今天的發現和想法：

年　月　日　星期	天氣　　氣溫 ＿＿ ℃　　風勢

早上的練習菜單：

地點	練習夥伴	跑鞋

早上　　　　　點	距離　　　　公里	完跑時間	速度

下午的練習菜單：

地點	練習夥伴	跑鞋

下午　　　　　點	距離　　　　公里	完跑時間	速度

肌力訓練菜單：

早餐	午餐	晚餐

小小的成長：

小小的發現：

今天在練習上的反省・明天的課題：

不必侷限於練習，自由寫下今天的發現和想法：

年　月　日　星期	天氣	氣溫 ____ ℃	風勢

早上的練習菜單：

地點		練習夥伴	跑鞋

早上	距離	完跑時間	速度
點	公里		

下午的練習菜單：

地點		練習夥伴	跑鞋

下午	距離	完跑時間	速度
點	公里		

肌力訓練菜單：

早餐	午餐	晚餐

小小的成長：

小小的發現：

今天在練習上的反省 ‧ 明天的課題：

不必侷限於練習，自由寫下今天的發現和想法：

年　　月　　日　星期	天氣　　　　氣溫 ＿＿ ℃　　風勢

早上的練習菜單：

地點	練習夥伴	跑鞋

早上　　　　點	距離　　　　公里	完跑時間	速度

下午的練習菜單：

地點	練習夥伴	跑鞋

下午　　　　點	距離　　　　公里	完跑時間	速度

肌力訓練菜單：

早餐	午餐	晚餐

小小的成長：

小小的發現：

今天在練習上的反省 · 明天的課題：

不必侷限於練習，自由寫下今天的發現和想法：

年　月　日 星期	天氣　　氣溫 ＿＿ ℃　風勢

早上的練習菜單：

地點	練習夥伴	跑鞋

早上　　　　點	距離　　　　公里	完跑時間	速度

下午的練習菜單：

地點	練習夥伴	跑鞋

下午　　　　點	距離　　　　公里	完跑時間	速度

肌力訓練菜單：

早餐	午餐	晚餐

小小的成長：

小小的發現：

今天在練習上的反省 · 明天的課題：

不必侷限於練習，自由寫下今天的發現和想法：

年　月　日　星期	天氣　　　氣溫 ＿＿ ℃　風勢		
早上的練習菜單：			
地點	練習夥伴		跑鞋
早上　　　　　　點	距離　　　　　　公里	完跑時間	速度
下午的練習菜單：			
地點	練習夥伴		跑鞋
下午　　　　　　點	距離　　　　　　公里	完跑時間	速度
肌力訓練菜單：			
早餐	午餐		晚餐

小小的成長：

小小的發現：

今天在練習上的反省 · 明天的課題：

不必侷限於練習，自由寫下今天的發現和想法：

年　月　日　星期	天氣　　　氣溫 ＿＿＿ ℃　風勢

早上的練習菜單：

地點	練習夥伴	跑鞋

早上　　　　　　點	距離　　　　　　公里	完跑時間	速度

下午的練習菜單：

地點	練習夥伴	跑鞋

下午　　　　　　點	距離　　　　　　公里	完跑時間	速度

肌力訓練菜單：

早餐	午餐	晚餐

小小的成長：

小小的發現：

今天在練習上的反省 · 明天的課題：

不必侷限於練習，自由寫下今天的發現和想法：

年　月　日　星期	天氣	氣溫 ＿＿＿ ℃　風勢

早上的練習菜單：

地點		練習夥伴	跑鞋

早上　　　　點	距離　　　　公里	完跑時間	速度

下午的練習菜單：

地點		練習夥伴	跑鞋

下午　　　　點	距離　　　　公里	完跑時間	速度

肌力訓練菜單：

早餐	午餐	晚餐

小小的成長：

小小的發現：

今天在練習上的反省 · 明天的課題：

不必侷限於練習，自由寫下今天的發現和想法：

年　月　日　星期	天氣　　氣溫 ＿＿ ℃　風勢

早上的練習菜單：

地點	練習夥伴	跑鞋

早上　　　　點	距離　　　　公里	完跑時間	速度

下午的練習菜單：

地點	練習夥伴	跑鞋

下午　　　　點	距離　　　　公里	完跑時間	速度

肌力訓練菜單：

早餐	午餐	晚餐

小小的成長：

小小的發現：

今天在練習上的反省 · 明天的課題：

不必侷限於練習，自由寫下今天的發現和想法：

年　月　日　星期	天氣　　　氣溫 ＿＿ ℃　風勢

早上的練習菜單：

地點	練習夥伴	跑鞋

早上　　　　　點	距離　　　　　公里	完跑時間	速度

下午的練習菜單：

地點	練習夥伴	跑鞋

下午　　　　　點	距離　　　　　公里	完跑時間	速度

肌力訓練菜單：

早餐	午餐	晚餐

小小的成長：

小小的發現：

今天在練習上的反省 ‧ 明天的課題：

不必侷限於練習，自由寫下今天的發現和想法：

年　月　日　星期	天氣	氣溫 ＿＿＿ ℃　風勢

早上的練習菜單：

地點	練習夥伴	跑鞋

早上　　　　　點	距離　　　　公里	完跑時間	速度

下午的練習菜單：

地點	練習夥伴	跑鞋

下午　　　　　點	距離　　　　公里	完跑時間	速度

肌力訓練菜單：

早餐	午餐	晚餐

小小的成長：

小小的發現：

今天在練習上的反省 · 明天的課題：

不必侷限於練習，自由寫下今天的發現和想法：

年　月　日　星期	天氣	氣溫 ＿＿＿ ℃　風勢

早上的練習菜單：

地點	練習夥伴	跑鞋

早上　　　　點	距離　　　　公里	完跑時間	速度

下午的練習菜單：

地點	練習夥伴	跑鞋

下午　　　　點	距離　　　　公里	完跑時間	速度

肌力訓練菜單：

早餐	午餐	晚餐

小小的成長：

小小的發現：

今天在練習上的反省 · 明天的課題：

不必侷限於練習，自由寫下今天的發現和想法：

年　　月　　日　星期	天氣　　　氣溫 ＿＿＿ ℃　　風勢

早上的練習菜單：

地點	練習夥伴	跑鞋

早上　　　　　點	距離　　　　公里	完跑時間	速度

下午的練習菜單：

地點	練習夥伴	跑鞋

下午　　　　　點	距離　　　　公里	完跑時間	速度

肌力訓練菜單：

早餐	午餐	晚餐

小小的成長：

小小的發現：

今天在練習上的反省 · 明天的課題：

不必侷限於練習，自由寫下今天的發現和想法：

年　月　日　星期	天氣	氣溫 ＿＿＿ ℃　風勢

早上的練習菜單：

地點	練習夥伴	跑鞋

早上　　　　點	距離　　　　公里	完跑時間	速度

下午的練習菜單：

地點	練習夥伴	跑鞋

下午　　　　點	距離　　　　公里	完跑時間	速度

肌力訓練菜單：

早餐	午餐	晚餐

小小的成長：

小小的發現：

今天在練習上的反省‧明天的課題：

不必侷限於練習，自由寫下今天的發現和想法：

年　月　日　星期	天氣　　　氣溫 ＿＿ ℃　　風勢

早上的練習菜單：

地點	練習夥伴	跑鞋

早上　　　點	距離　　　公里	完跑時間	速度

下午的練習菜單：

地點	練習夥伴	跑鞋

下午　　　點	距離　　　公里	完跑時間	速度

肌力訓練菜單：

早餐	午餐	晚餐

小小的成長：

小小的發現：

今天在練習上的反省 · 明天的課題：

不必侷限於練習，自由寫下今天的發現和想法：

年　月　日　星期	天氣	氣溫 ＿＿＿ ℃　風勢

早上的練習菜單：

地點	練習夥伴	跑鞋

早上　　　　點	距離　　　　公里	完跑時間	速度

下午的練習菜單：

地點	練習夥伴	跑鞋

下午　　　　點	距離　　　　公里	完跑時間	速度

肌力訓練菜單：

早餐	午餐	晚餐

小小的成長：

小小的發現：

今天在練習上的反省 · 明天的課題：

不必侷限於練習，自由寫下今天的發現和想法：